clara

Kurze lateinische Texte
Herausgegeben von Hubert Müller

Heft 38

Staat und Gesellschaft in Augustinus' »De civitate dei«

Bearbeitet von Marco Cataldo und Hubert Müller

Mit 6 Abbildungen

Vandenhoeck & Ruprecht

Liebe Schülerin, lieber Schüler!

Am 24. August 410 n. Chr. geschieht das Unglaubliche: Die Westgoten unter Führung Alarichs plündern Rom, die Hauptstadt des einst unbesiegbaren Imperium Romanum. Die Zeit des weströmischen Reichs geht zu Ende und wenige Jahrhunderte später werden die Schafe auf dem Forum Romanum grasen. Augustinus, Bischof und Autor eines unglaublich umfangreichen Werkes, ist Zeuge dieser Zeit des Umbruchs an der Schwelle zur großen Völkerwanderung. Zugleich ist er tief geprägt von der griechischen und römischen Philosophie und von den klassischen Autoren Cicero und Sallust. In seiner *civitas dei* spiegeln sich daher die griechisch-römische Geistes- und Philosophiegeschichte ebenso wie die neue Welt des Christentums. Augustinus gibt uns hier Einblicke in die Gesellschaft am Ende des weströmischen Reichs und in das politische Denken des frühen Christentums, das sich mit der traditionellen römischen Staatsauffassung auseinandersetzt.

Um Ihnen die Arbeit zu erleichtern, sind wir folgendermaßen vorgegangen:
– Die Texte sind nach Sinneinheiten gesetzt.
– In der rechten Spalte sind die Vokabeln angegeben, die nicht Teil des Grundwortschatzes (Klett) sind. Rot hervorgehoben sind die Wörter, die zum Aufbauwortschatz gehören oder darüber hinaus in der Textsammlung mehr als zweimal auftauchen. Alle diese rot markierten Wörter sind als Lernvokabeln gedacht und werden nur bei ihrem ersten Vorkommen aufgeführt. Am Ende des Heftes sind sie noch einmal alphabetisch zusammengestellt.
– Aufgaben helfen, die Texte zu verstehen und zu erschließen.
– Zusatztexte liefern Hintergrundinformationen, die die in den lateinischen Texten aufgeworfenen Fragen ergänzen und verdeutlichen.

Bibliografische Information der Deutschen Nationalbibliothek:
Die Deutsche Nationalbibliothek verzeichnet diese Publikation in der
Deutschen Nationalbibliografie; detaillierte bibliografische Daten sind
im Internet über http://dnb.de abrufbar.

© 2019, Vandenhoeck & Ruprecht GmbH & Co. KG, Theaterstraße 13, D-37073 Göttingen
Alle Rechte vorbehalten. Das Werk und seine Teile sind urheberrechtlich
geschützt. Jede Verwertung in anderen als den gesetzlich zugelassenen Fällen
bedarf der vorherigen schriftlichen Einwilligung des Verlages.

Abbildungsnachweis: dreamstime.com (© Shepherd 302): S. 21

Satz: SchwabScantechnik, Göttingen
Druck und Bindung: ⊕ Hubert & Co. BuchPartner, Göttingen
Printed in the EU

Vandenhoeck & Ruprecht Verlage | www.vandenhoeck-ruprecht-verlage.com

ISBN 978-3-525-71776-9

Inhalt

1. Der Schock – und wer ist schuld? (*de civitate dei* 1,33) 4

Zur Staatstheorie des Augustinus

2. *Iustitia:* Gerechtigkeit vor Gericht? (*de civitate dei* 19,6) 6
3. Der Staat – eine Räuberbande? (*de civitate dei* 4,4; Cicero, *de re publica* 1,39) 8
4. Zur Bedeutung der Wertvorstellungen in der römischen Frühgeschichte
   (*de civitate dei* 5,12) 10
5. Roma, *caput mundi:* Macht und Moral (*de civitate dei* 5,12) 12
6. Ist Rom ein Staat? (*de civitate dei* 19,21) 14
7. Eine andere Definition der *res publica* (*de civitate dei* 19,24) 16
8. *civitas terrena* – *civitas dei:* Zwei Prinzipien (*de civitate dei* 14,1–4) 18
9. *civitas terrena* – *civitas dei:* Zwei Formen der Liebe (*de civitate dei* 14,28) 20

Krieg und Frieden

10. Das Problem des *bellum iustum* (*de civitate dei* 19,7) 22
11. Was ist Frieden? (*de civitate dei* 19,13) 24

Die *civitas dei:* Ihre Bürger und ihr Platz in der Geschichte

12. Viele, die drinnen sind, sind draußen, und viele, die draußen sind,
    sind drinnen. (*de civitate dei* 1,35) 26
13. Die Abschnitte der Weltgeschichte (*de civitate dei* 22,30) 28
14. Es geht um beide: *civitas dei* und *civitas terrena* (*de civitate dei, praefatio*) 30

Alphabetischer Lernwortschatz 31

1. Der Schock – und wer ist schuld?

Am 24. August 410 n. Chr. geschieht das Unglaubliche: Die Westgoten unter Führung Alarichs plündern Rom, die Hauptstadt des einst unbesiegbaren Imperium Romanum. Niemals hätten die Römer gedacht, dass ihre Stadt, das *caput mundi*, von fremden Völkern eingenommen werden könnte; über 800 Jahre hinweg war Rom von fremden Mächten verschont geblieben!

Doch wie konnte es so weit kommen? Für viele Römer waren die Christen schuld: Denn auch wenn 380 n. Chr. das Christentum durch Kaiser Theodosius zur Staatsreligion erklärt worden war, hielten viele Römer an ihrem alten Glauben fest: *Do, ut des* war das Grundprinzip ihrer Religion, gegen das durch das Aufkommen der neuen Religion verstoßen wurde. Wie sollten die Götter die Stadt schützen, wenn man ihnen nicht mehr opferte und sie nicht mehr ehrte?

Gegen diesen Vorwurf, die Christen seien schuld an der Katstrophe von 410, wendet sich Augustinus. Er beginnt bereits kurz nach 410 n. Chr. sein großes Werk *de civitate dei*, in dessen erstem Teil er ausführlich gegen die Schuldzuweisung Stellung bezieht. Viele christliche Autoren folgen ihm und so entstehen in den nächsten Jahrzehnten und Jahrhunderten zahlreiche apologetische (= verteidigende) Schriften.

Augustinus schildert die Reaktion der Welt und die der Römer:

Wie verrückt seid ihr doch! Was ist das für ein gewaltiger Fehler – nein Wahnsinn: Während die Völker des Ostens, sowie wir gehört haben, euern Untergang beklagen und größte Staaten selbst in entlegensten Ländern öffentliche Trauer verordnen, verlangt ihr nach euren Theatern, betretet sie, füllt sie und verhaltet euch maßloser als je zuvor.

Hanc animorum labem ac pestem,
hanc probitatis et honestatis eversionem vobis
Scipio ille metuebat,
quando construi theatra prohibebat,
5   quando rebus prosperis
vos facile corrumpi atque everti posse cernebat,
quando vos securos esse ab hostili terrore nolebat.

lābēs, is *f.:* Verkommenheit
pestis, is *f.:* Pest, Seuche
probitās, ātis *f.:* Rechtschaffenheit
honestās, ātis *f.:* Anstand
ēversiō, ōnis *f.:* Verderben
vōbīs: *Dativus commodi:* in eurem eigenen Interesse
Scīpiō: *Publius Cornelius Scipio Nasica Corculum, Konsul 155 v. Chr., Gegner der Zerstörung Karthagos*
quandō *Konjunktion:* als, weil
prosperus: günstig, glücklich
rēs prosperae: glückliche Zeitumstände
ēvertere, vertī, versum: verderben
sēcūrus: sorglos, frei von Furcht
hostīlis, e: vor dem Feind
terror, ōris *m.:* Angst

Neque enim censebat ille felicem esse rem publicam
stantibus moenibus, ruentibus moribus.
10 Sed in vobis plus valuit,
quod daemones impii seduxerunt,
quam quod homines providi praecaverunt.

Hinc est, quod mala, quae facitis,
vobis imputari non vultis,
15 mala vero, quae patimini,
Christianis temporibus imputatis.
Neque enim in vestra securitate
pacatam rem publicam,
sed luxuriam quaeritis impunitam,
20 qui depravati rebus prosperis
nec corrigi potuistis adversis.
Volebat vos ille Scipio terreri ab hoste,
ne in luxuriam flueretis:
Nec contriti ab hoste luxuriam repressistis,
25 perdidistis utilitatem calamitatis,
et miserrimi facti estis et pessimi permansistis.

fēlīx, īcis: glücklich
ruere, ruī, rutum: einstürzen
daemōnēs: Dämonen
impius: gottlos
sēdūcere, dūxī, ductum + Akk.: verführen zu
prōvidus: weitblickend, vorsorgend
praecavēre, cāvī, cautum + Akk.: schützen vor

hinc est, quod: daher kommt es, dass
imputāre: anrechnen

sēcūritās, ātis f. Sorglosigkeit
pācāre: befrieden
impūnītus: maßlos, zügellos
dēprāvāre: verderben
corrigere, rēxī, rēctum: (ver)bessern

contrītus: zu Boden gestreckt
reprimere, pressī, pressum: zurückdrängen, hemmen
ūtilitās, ātis f.: Nutzen

1 Vor der Übersetzung: Stellen Sie Vermutungen darüber an, wie Augustin die Schuldzuweisung an die Christen kontern könnte.

2 Vor der Übersetzung: Stellen Sie wertende Begriffe aus dem lateinischen Text zusammen und benennen Sie das vorherrschende Sachfeld.

3 Beschreiben Sie davon ausgehend die Situation Roms, wie sie Augustinus darstellt: Benennen Sie die Ursachen, die nach Augustinus zu dieser Situation führten.

4 Analysieren Sie die sprachlich-stilistische Gestaltung des Textes und die beabsichtigte Wirkung.

5 Zeigen Sie die Bedeutung, die Scipio nach der Aussage des Augustinus dem *terror hostilis* als politisches Mittel beimisst. Nennen Sie Beispiele aus der Geschichte und Politik, wo Politiker bewusst diesen *terror hostilis* als Mittel einsetzten bzw. einsetzen, um ihre Ziele zu erreichen.

Zur Staatstheorie des Augustinus

Die Frage der Gerechtigkeit als Leitmotiv

Augustins Werk steht in der Tradition der antiken Staatsphilosophie und bezieht sich explizit auf wichtige Werke aus der griechisch-römischen Philosophie, allen voran Platons *Politeia* und Ciceros Werk *De re publica*. Bereits Platon stellte in der *Politeia* die Erörterung der personalen und staatlichen Gerechtigkeit seinem Staatsmodell voran. Ihm folgt Augustinus: Das *iustitia*-Thema durchzieht auch sein ganzes Werk und soll uns als Leitfrage in der Lektüre dienen.

2. *Iustitia:* Gerechtigkeit vor Gericht?

Wie können Richter ein gerechtes Urteil fällen?

Es sind doch gerade die gerichtlichen Entscheidungen von Menschen über Menschen, die auch in Staaten, die im tiefen Frieden leben, nicht fehlen können, bei denen wir fragen müssen: Wie beschaffen, wie armselig, wie beklagenswert, sind sie unser Meinung nach?

Quandoquidem hi iudicant,
qui conscientias eorum, de quibus iudicant,
cernere nequeunt.
Unde saepe coguntur tormentis innocentium testium
5 ad alienam causam pertinentem quaerere veritatem.
[…] Ignorantia iudicis
plerumque est calamitas innocentis.
Et quod est intolerabilius magisque plangendum
rigandumque, si fieri possit, fontibus lacrimarum:
10 cum propterea iudex torqueat accusatum,
ne occidat nesciens innocentem,
fit per ignorantiae miseriam,
ut et tortum et innocentem occidat,
quem, ne innocentem occideret, torserat.
15 Si enim secundum istorum sapientiam delegerit
ex hac vita fugere quam diutius illa sustinere tormenta,
quod non commisit, commisisse se dicit.
Quo damnato et occiso,
utrum nocentem an innocentem iudex occiderit,
20 adhuc nescit.
Quem, ne innocentem nesciens occideret, torsit;
ac per hoc innocentem et, ut sciret, torsit,
et, dum nesciret, occidit.

quandōquidem: weil nämlich
cōnscientia: Gewissen, das Innere
nequīre, eō, īvī, nequitum: nicht können
unde *Adv.: leitet hier einen Hauptsatz ein:* daher
tormentum: Folter
innocēns, entis: unschuldig
pertinēre ad: sich beziehen auf, betreffen
vēritās, ātis *f.:* Wahrheit
īgnōrantia: Unkenntnis, Unwissenheit
intolerābilis, e: unerträglich
plangere: laut beklagen
rigāre: beweinen
fōns, fontis *m.:* Quelle
fontēs lacrīmārum: Strom von Tränen
torquēre, torsī, tortum: quälen, foltern
miseria: Elend, Unglück
istī: *gemeint sind die Menschen, die in diesem System der Scheingerechtigkeit leben müssen*
dēligere … quam: lieber wählen … als

In his tenebris vitae socialis	tenebrae, ārum *f.*: Dunkelheit, dunkle Situation
25 sedebit iudex ille sapiens an non audebit?	sociālis, e: der Gesellschaft
Sedebit plane.	
Constringit enim eum et ad hoc officium pertrahit humana societas,	cōnstringere: binden pertrahere: hinzwingen
quam deserere nefas ducit.	nefās *n.:* Frevel, Unrecht
30 [...] non enim haec facit sapiens iudex	
nocendi voluntate,	
sed necessitate nesciendi,	necessitās, ātis *f.: hier:* Unvermeidbarkeit, Zwangsläufigkeit
et tamen, quia cogit humana societas,	
necessitate etiam iudicandi.	
35 Haec est ergo, quam dicimus,	
miseria certe hominis, etsi non malitia sapientis.	malitia: Bosheit

1 Beschreiben Sie das Problem, das jeder Richter bei seinem Urteil, das er fällen muss, zu bewältigen hat (s. Zusatztext „Folter im römischen Prozesswesen").

2 Analysieren Sie die sprachlich-stilistische Gestaltung der Zeilen 8–14 und 18–23 und deren Wirkung.

3 Nennen Sie lateinisch die Gründe, weshalb nach Augustinus kluge Menschen das Richteramt ausüben.

4 An anderer Stelle schreibt Augustinus *vera autem iustitia non est, nisi in ea re publica, cuius conditor rectorque Christus est* (*de civ. dei* 2,21). Interpretieren Sie vorliegenden Text und dieses Zitat im Hinblick auf die Frage, ob es eine irdische Gerechtigkeit nach Augustinus geben kann. Nehmen Sie Stellung zu seiner Aussage.

5 Darf ein Staat foltern, um Leben zu retten? Informieren Sie sich über den Fall Jakob von Metzler und erörtern Sie die damals genannten Argumente für und gegen die Folter; beziehen Sie auch den Zusatztext „Allgemeine Erklärung der Menschenrechte" und den ersten Artikel des Grundgesetzes mit ein.

Folter im römischen Prozesswesen

Im Strafgerichtsverfahren konnten Zeugen zu einer Aussage gezwungen werden. Folter war hierbei gegenüber Sklaven und Freigelassenen ein erlaubtes Mittel, in der Kaiserzeit wurde sie immer wieder auch gegenüber Freien angewandt.

Allgemeine Erklärung der Menschenrechte

Artikel 5 der Allgemeinen Erklärung der Menschenrechte verbietet die Folter sowie jede Form einer grausamen, unmenschlichen oder erniedrigenden Behandlung oder Strafe. 160 Nationen haben diese Erklärung ratifiziert. Der UN-Ausschuss gegen Folter überwacht deren Einhaltung.

3. Der Staat – eine Räuberbande?

Kann das Handeln von Staaten gerecht sein?

Remota itaque iustitia
quid sunt regna nisi magna latrocinia?
Quia et latrocinia quid sunt nisi parva regna?
Manus et ipsa hominum est,
5 imperio principis regitur,
pacto societatis astringitur,
placiti lege praeda dividitur.
Hoc malum,
si in tantum perditorum hominum accessibus crescit,
10 ut et loca teneat, sedes constituat,
civitates occupet, populos subiuget,
evidentius regni nomen assumit,
quod ei iam in manifesto confert
non dempta cupiditas,
15 sed addita impunitas.

iūstitia: Gerechtigkeit
latrōcinium: Räuberei, Räuberbande
quia *als Hauptsatzeinleitung:* denn
pactum: Vertrag
astringere: zusammenbinden
placitum: Übereinkunft

in tantum, ut: so weit, dass
accessus, ūs *m.:* Zustrom
subiugāre: unterjochen, unterwerfen
ēvidēns, entis: gewiss, mit vollem Recht
assūmere, sūmpsī, sūmptum: annehmen, bekommen
in manifestō cōnfert: (er, sie, es) überträgt offensichtlich
dēmere, dēmpsī, dēmptum: wegnehmen, beseitigen
impūnitās, ātis *f.:* Straflosigkeit
addita impūnitās: *Der Staat bleibt ohne Strafe, wenn er in seiner Gier Unrecht tut.*

Eleganter enim et veraciter
Alexandro illi Magno
quidam comprehensus pirata respondit.
Nam cum idem rex hominem interrogaret,
20 quid ei videretur,
ut mare haberet infestum,
ille libera contumacia:
„Quod tibi", inquit, „ut orbem terrarum;
sed quia id ego exiguo navigio facio, latro vocor;
25 quia tu magna classe, imperator."

ēlegāns, antis: fein, geistreich
vērāx, ācis: wahr
pīrāta, ae *m.:* Pirat
alicuī vidētur: *hier:* es scheint jdm. gut, es fällt jdm. ein
īnfēstus: feindlich, unsicher
contumācia: Stolz, Trotz
quod tibi *erg.:* vidētur
ut orbem terrārum: *erg.* habērēs īnfēstum
exiguus: klein, unbedeutend
nāvigium: Schiff
latrō, ōnis *m.:* Räuber

Ciceros Staatsdefinition

Est igitur … res publica res populi,
populus autem non omnis hominum coetus
quoquo modo congregatus,
sed coetus multitudinis iuris consensu
30 et utilitatis communione sociatus.
Eius autem prima causa coeundi est
non tam imbecillitas
quam naturalis quaedam hominum quasi congregatio.

coetus, ūs *m.:* Zusammenkunft
congregāre: versammeln, zusammenbringen
cōnsēnsus, ūs *m.:* Übereinstimmung
commūniō, ōnis *f.:* Gemeinschaft
sociāre: verbinden, vereinen
coīre, eō, iī, itum: zusammenkommen
imbēcillitās, ātis *f.:* Schwäche
congregātiō, ōnis *f.:* Zusammenkommen

1. Arbeiten Sie die Vorwürfe heraus, die Augustinus den Herrschern bzw. Staaten macht. Zitieren Sie die zentralen Formulierungen lateinisch.

2. Die Übersetzung des *ablativus absolutus* in Zeile 1 ist von großer Bedeutung für die Interpretation des Textes und für Augustinus' grundsätzliche Einstellung gegenüber dem irdischen Staat. Übersetzen Sie ihn einmal konditional und zum andern kausal und treffen Sie eine begründete Entscheidung, indem Sie auch Augustinus' Ausführungen in Text 2 berücksichtigen.

3. Deuten Sie Augustinus' Äußerung zum Zustandekommen eines Staates und vergleichen Sie diese mit Ciceros Definition.

4. Informieren Sie sich über die Erzählung von der Bekehrung des Augustinus und deuten Sie die Abbildung.

Augustinus und seine Quellen

Augustinus ist ein Autor, der in kein festes Schema einzuordnen ist: Geboren in Thagaste im heutigen Algerien 354 n. Chr., studierte er in Karthago, brachte es dort bis zum Rhetorikprofessor und kam sogar an den kaiserlichen Hof in Mailand. Intensiv beschäftigte er sich mit verschiedensten philosophischen Schulen, bis er sich schließlich 387 nach einem Bekehrungserlebnis dem Christentum zuwandte, wobei er sein Leben lang jedoch dem Platonismus eng verbunden blieb. Er gab seine Karriere auf und zog sich zunächst nach Norditalien auf das Land zurück. In seiner Heimat Afrika wollte er schließlich ein klösterliches Leben führen, was ihm jedoch nicht gelang: Die dortige Gemeinde drängte ihn 395 das Bischofsamt in Hippo zu übernehmen. Bald bekam er eine führende Rolle unter den Bischöfen und setzte sich mit vielen innerkirchlichen Strömungen auseinander. Sein gewaltiges Werk als Schriftsteller, das er bis in sein letztes Lebensjahr (430 n. Chr.) vorantrieb, beeinflusste die Philosophie des Mittelalters entscheidend. Uns ist er auch Zeuge der Endphase des weströmischen Reiches, ein Autor an der Schwelle einer neuen Zeit.

Benozzo Gozzoli (15. Jhdt.):
Augustinus liest in einem Paulusbrief

4. Zur Bedeutung der Wertvorstellungen in der römischen Frühgeschichte

Wollen wir demnach zusehen, um welcher moralischen Eigenschaften willen und weshalb der wahre Gott, in dessen Gewalt auch die irdischen Reiche stehen, den Römern zur Ausbreitung ihrer Herrschaft verhelfen wollte.

Ipsam denique patriam suam,
quoniam servire videbatur inglorium,
dominari vero atque imperare gloriosum,
prius omni studio liberam,
5 deinde dominam esse concupiverunt.
Hinc est, quod regalem dominationem
non ferentes annua imperia
binosque imperatores sibi fecerunt,
qui „consules" appellati sunt a „consulendo",
10 non „reges" aut „domini" a „regnando"
atque „dominando".

Expulso itaque rege Tarquinio
et consulibus institutis secutum est,
quod idem auctor in Romanorum laudibus posuit,
15 quod civitas incredibile memoratu est
adepta libertate quantum brevi creverit;
tanta cupido gloriae incesserat.
Ista ergo laudis aviditas
et cupido gloriae multa illa miranda fecit,
20 laudabilia scilicet atque gloriosa
secundum hominum existimationem.

ipsam ... concupīvērunt: *Subjekt des Satzes sind die Römer*
vidēbātur: *erg.* eīs
inglōrius: unrühmlich
inglōrium, glōriōsum: *erg.:* esse
dominārī *(+ Dat.):* herrschen über
glōriōsus: ruhmreich
concupīscere, cupīvī: wünschen
hinc est, quod: daher kommt es, dass
rēgālis: königlich
dominātiō, ōnis *f.:* (Allein-)herrschaft
annua ... fēcērunt: *Sallust Catilina 6,7*
annuus: für ein Jahr
bīnī, ae, a: je zwei

Tarquinius: Tarquinius Superbus, *etruskischer König*
in laudibus alicuius pōnere: jdm. zum Ruhm anrechnen
cīvitās ... incesserat: *Sallust, Catilina, 7,3*
memorātū *Supinum:* zu erwähnen
adeptus: *hier: passiv*
cupīdō, dinis *f.:* Begierde, Verlangen
incēdere, cessī, cessum: vorrücken, sich verbreiten
aviditās, ātis *f.:* Begierde, Verlangen
laudābilis, e: lobenswert
exīstimātiō, ōnis *f.:* Meinung

1 Stellen Sie Begriffe aus dem lateinischen Text zusammen, die im Zusammenhang mit staatlicher Organisation stehen.

2 Stellen Sie lateinisch die Wertbegriffe zusammen, mit denen Augustinus die geschichtliche Entwicklung charakterisiert. Ziehen Sie zur Information über die Bedeutung der *gloria* für das römische Selbstverständnis und Handeln den ersten Zusatztext hinzu.

3 Erörtern Sie, wie Augustinus selbst am Ende der Textstelle diese Entwicklung Roms beurteilt; beziehen Sie den zweiten Zusatztext mit ein.

4 Für die Römer war das Streben nach *gloria* ein starkes Motiv für ihr Handeln im Staat. Erörtern Sie, ob und ggf. inwiefern dies auch noch für den modernen Menschen gilt, und bewerten Sie das Ruhmstreben aus Ihrer Sicht.

Römische Wertbegriffe: *gloria*

Die *gloria* gehört zu den wichtigen römischen Wertbegriffen. Nach römischer Vorstellung wird sie durch einen an der *virtus* orientierten Einsatz für das Gemeinwesen *(res publica)* erworben und strahlt auf die gesamte *gens* ab.

Der Einzelne erlangte durch sie Unsterblichkeit im Andenken der Mitglieder seiner *gens*, ja des *populus Romanus* und sollte als *exemplum* zur *imitatio* anspornen.

Die Bedeutung der *gloria* übersteigt in der Vorstellung der Römer selbst diejenige von Vermögen oder Leben.

Mit dem Prinzipat verlor die *gloria* ihre Bedeutung und wurde unter dem Einfluss der griechischen Philosophie zunehmend durch die *virtus* selbst ersetzt – nun wurde der *sapiens* zum *exemplum*.

Die Christen und der römische Staat

Nach Jahrhunderten, in denen die Christen immer wieder verfolgt worden waren, fassten viele christliche Autoren den Sieg Kaiser Konstantins als Triumph des Christentums auf. Eusebius interpretierte gar das zeitliche Zusammenfallen der Geburt Christi mit der *pax Augusta* als Werk der göttlichen Vorsehung. Kirchenväter im Umkreis des Augustinus vertraten einen römischen Patriotismus, der den Bestand des römischen Reichs als Garant für den Bestand der christlichen Kirche sah. Hieronymus verglich daher die Eroberung Roms durch Alarich mit dem Fall Trojas und der Zerstörung Jerusalems. Von diesen sogenannten Reichstheologen unterscheidet sich Augustinus deutlich: Für ihn sind weder der römische Staat noch das römische Reich, das unter Theodosius christlich geworden ist, durch die göttliche Gnade bevorzugt. *Christianitas* und *Romanitas* sind grundsätzlich zu unterscheiden.

Augustinus, de civitate dei, herausgegeben von Christoph Horn (= Klassiker auslegen, Bd. 11), Berlin 1997. Horn S. 4–5.

5. Roma, *caput mundi:* Macht und Moral

Augustinus weiter über das Streben nach Ruhm:

1. Laudat idem Sallustius temporibus suis
magnos et praeclaros viros,
Marcum Catonem et Gaium Caesarem,
dicens, quod diu illa res publica non habuit
5 quemquam virtute magnum,
sed sua memoria fuisse illos duos *ingenti virtute,
diversis moribus.*
In laudibus autem Caesaris posuit,
quod sibi magnum imperium,
10 exercitum, bellum novum exoptabat,
ubi virtus enitescere posset.
Ita fiebat in votis virorum virtute magnorum,
ut excitaret in bellum miseras gentes
et flagello agitaret Bellona sanguineo,
15 ut esset, ubi virtus eorum enitesceret.

Hoc illa profecto laudis aviditas
et gloriae cupido faciebat.
Amore itaque primitus libertatis,
post etiam dominationis et cupiditate laudis
20 et gloriae multa magna fecerunt.
[…] Tunc itaque magnum illis fuit
aut fortiter mori aut liberos vivere.
Sed cum esset adepta libertas,
tanta cupido gloriae incesserat,
25 ut parum esset sola libertas,
nisi et dominatio quaereretur.

2. Hinc est et illud poetae,
quod, cum artibus aliarum gentium
eas ipsas proprias Romanorum artes regnandi
atque imperandi et subiugandi ac debellandi populos
5 anteponeret, ait:

*„Andere werden das Erz weicher atmend formen,
das glaube ich jedenfalls, sie werden lebendige Gesichter aus Marmor formen,
sie werden besser vor Gericht reden und mit dem Zirkel die Himmelsbahnen beschreiben sowie den
Aufgang der Sterne verkünden:*
10 *Du, Römer, denke daran, mit Macht die Völker zu regieren,*

---

mundus: Welt
Sallustius: Gaius Sallustius Crispus; *Geschichtsschreiber (86–35 v. Chr.)*
Mārcus Catō, ōnis *m.:* Marcus Porcius Cato Uticensis; *Gegner Caesars, strenger Republikaner, tötete sich nach dem Sieg Caesars (95–46 v. Chr.)*
Gāius Caesar, aris *m.:* Gaius Iulius Caesar; *Diktator, Feldherr, Schriftsteller (100–44 v. Chr.)*
quod: *im kaiserzeitlichen Latein oft statt des aci:* dass
ingentī … mōribus: *Sallust, Catilina, 53,6*
sibi magnum … posset: *Sallust, Catilina, 54,4*
exoptāre: ersehnen
ēnitēscere: hervorstrahlen
vōtum: Verlangen, Wunsch
flagellum: Peitsche
Bellōna: Bellona; *röm. Kriegsgöttin*
sanguineus: blutig
est, ubī: es gibt einen Ort, eine Gelegenheit, wo
aviditās, ātis *f.:* Verlangen

prīmitus *Adv.:* zuerst

adeptus: *hier: passiv*

illud … quod: *jene bekannten Verse, in denen*
poēta: *gemeint ist Vergil*
dēbellāre: bezwingen
anteponēre, posuī, positum: voranstellen, vorziehen

*das werden deine Künste sein, und dem Frieden Recht und Gesetz zu geben,
die Unterworfenen zu schonen und die Überheblichen niederzukämpfen"*

Has artes illi tanto peritius exercebant,
quanto minus se voluptatibus dabant […].

perītus: kundig, erfahren

Diese Verse kommentiert Augustinus so:
15 quando scribebat ista Sallustius
canebatque Vergilius,
non illis artibus ad honores et gloriam,
sed dolis atque fallaciis ambiebant.

canere, cecinī, cantātum: singen, dichten
dolus: List
fallacia, ae *f.*: Täuschung, Betrug
ambīre: gelangen

1 Stellen Sie Begriffe zum Thema „Streben nach Ruhm/Krieg" aus dem lateinischen Text zusammen.

2 Arbeiten Sie heraus, wie sich das Streben der Römer nach Ruhm im Lauf der Zeit veränderte und wie Augustinus es bewertet.

3 a) Vergleichen Sie den Text aus Vergils Aeneis mit der Rede des amerikanischen Senators Albert J. Beveridge. – b) Entwerfen Sie einen Text, in dem Sie Augustinus fiktiv zur Rede des Senators Stellung beziehen lassen.

Gaius Iulius Caesar, Marmorbüste, Vatikanische Museen, Rom.

Der amerikanische Senator Albert J. Beveridge in einer Rede über die Philippinen am 13.12.1901

„[…] Gott hat nicht die englischsprechenden und germanischen Völker in tausend Jahren für nichts als eitle und hohle Selbstbetrachtung und Selbstbewunderung vorbereitet. Nein! Er hat uns geschaffen als Meisterorganisatoren der Welt, um dort Ordnung zu schaffen, wo Chaos herrscht. Er hat uns den Fortschrittsgeist gegeben, um die reaktionären Kräfte auf der ganzen Welt zu besiegen. Er hat uns zu Meistern des Regierens gemacht, mit dem Auftrag, über wilde und senile Völker zu herrschen. Gäbe es nicht eine solche Kraft, würde diese Welt in Barbarei und Nacht zurückfallen.

Und unter den Menschen hat er das amerikanische Volk gekennzeichnet als sein erwähltes Volk, welches endlich die Erneuerung der Welt herbeiführen wird. Das ist der göttliche Auftrag Amerikas." *(Übersetzung aus dem Englischen: Marco Cataldo)*

Quelle: **USC University of Southern California US-China-Institue** – https://china.usc.edu/us-senator-albert-j-beveridge-speaks-philippine-question-us-senate-washington-dc-january-9–1900

6. Ist Rom ein Staat?

Ausgehend von Ciceros Staatsdefinition (s. Text 3, S. 8) kommt Augustinus zu einem Urteil.

Quapropter nunc est locus,	quāpropter: deshalb
ut, quam potero, breviter ac dilucide expediam,	dīlūcidus: deutlich
quod in secundo huius operis libro	expedīre, pedīvī, pedītum: darlegen, ausführen
me demonstraturum esse promisi,	
5 secundum definitiones,	dēfīnītiō, ōnis *f.*: Definition
quibus apud Ciceronem utitur Scipio	
in libris de re publica,	in librīs dē rē pūblicā: *s. Text 3, S. 8*
numquam rem publicam fuisse Romanam.	
Breviter enim rem publicam definit esse rem populi.	dēfīnīre: abgrenzen, definieren
10 Quae definitio si vera est,	
numquam fuit Romana res publica,	
quia numquam fuit res populi,	
quam definitionem voluit esse rei publicae.	
Populum enim esse definivit coetum multitudinis	
15 iuris consensu et utilitatis communione sociatum.	
Quid autem dicat iuris consensum,	
disputando explicat, per hoc ostendens	explicāre: ausführen, erörtern
geri sine iustitia non posse rem publicam;	
ubi ergo iustitia vera non est, nec ius potest esse.	
20 Quod enim iure fit, profecto iuste fit;	
quod autem fit iniuste, nec iure fieri potest.	iniūstus: ungerecht
Non enim iura dicenda sunt	
vel putanda iniqua hominum constituta,	cōnstitūtum: Verabredung, Beschluss
cum illud etiam ipsi ius esse dicant,	ipsī: *gemeint sind die Vertreter der Ciceronianischen Definition*
25 quod de iustitiae fonte manaverit,	mānāre: fließen
falsumque esse,	
quod a quibusdam non recte sentientibus	
dici solet,	
id esse ius,	
30 quod ei,	
qui plus potest,	
utile est.	
Quocirca ubi non est vera iustitia,	quōcircā: daher
iuris consensu sociatus coetus hominum	
35 non potest esse	
et ideo nec populus	
iuxta illam Scipionis vel Ciceronis definitionem.	iūxtā + *Akk. hier*: gemäß
Et si non populus, nec res populi,	
sed qualiscumque multitudinis,	quāliscumque: wie beschaffen auch immer
40 quae populi nomine digna non est.	
Ac per hoc,	

si res publica res est populi et populus non est,
qui consensu non sociatus est iuris,
non est autem ius, ubi nulla iustitia est,
45 procul dubio colligitur,
ubi iustitia non est, non esse rem publicam.
Iustitia porro ea virtus est, quae sua cuique distribuit.

dubium: Zweifel
colligere: *hier:* folgern
porrō *Adv.:* nun aber, ferner
distribuere, tribuī, tribūtum: verteilen, zuteilen

1 Stellen Sie den Aufbau des ersten Satzes graphisch dar.

2 Paraphrasieren Sie den Gedankengang des Textes.

3 Vergleichen Sie die Staatsdefinition Ciceros mit derjenigen von Carlo Schmid (s. Zusatztext).

4 Im letzten Satz gibt Augustinus seine Definition von *Gerechtigkeit*. a) Erläutern Sie diese, indem Sie sie zunächst mit Ihrer eigenen Auffassung von Gerechtigkeit in einem Staat vergleichen. – b) Informieren Sie sich daraufhin über die platonische Vorstellung von Gerechtigkeit, wie er sie in seinem Werk über den Staat (Politeia; s. Zusatztext zu Text 7) darlegt.

5 Recherchieren Sie zum Thema „Soziale Gerechtigkeit" den Standpunkt zweier Parteien (Ihrer Wahl) und vergleichen Sie damit den augustinischen Gerechtigkeitsbegriff.

Carlo Schmid in seiner Grundsatzrede vor dem Parlamentarischen Rat 1948

Bei einer Konstitution aber ist das anders. Dort macht es einen Wesensunterschied, ob sie eigenständig geschehen ist oder ob sie der Ausfluss fremden Willens ist; denn eine Konstitution ist nichts anderes als das Ins-Leben-Treten eines Volkes als politischer Schicksalsträger aus eigenem Willen.

Dies alles gilt auch von der Schaffung eines Staates. Sicher, Staaten können auf die verschiedenste Weise entstehen. Sie können sogar durch äußeren Zwang geschaffen werden. Staat ist aber dann nichts anderes als ein Ausdruck für Herrschaftsapparat, so wie etwa die Staatstheoretiker der Frührenaissance von *il stato* sprachen. *Il stato,* das ist einfach der Herrschaftsapparat gewesen, der in organisierter Weise Gewalt über ein Gebiet ausgeübt hat. Aber es ist ja gerade der große Fortschritt auf den Menschen hin gewesen, den die Demokratie getan hat, dass sie im Staat etwas mehr zu sehen begann als einen bloßen Herrschaftsapparat. Staat ist für sie immer gewesen das In-die-eigene-Hand-nehmen des Schicksals eines Volkes, Ausdruck der Entscheidung eines Volkes zu sich selbst.

https://archive.org/details/Schmid-Carlo-Was-heisst-eigentlich-Grundgesetz/page/n21

7. Eine andere Definition der *res publica*

Nicht erst in der Epoche der Aufklärung wurde die Vernunft als Quelle des Guten angesehen.

Si autem populus non isto, sed alio definiatur modo,
velut si dicatur:
Populus est coetus multitudinis rationalis
rerum,
5   quas diligit,
concordi *communione sociatus;*
profecto,
    ut videatur,
        qualis quisque populus sit,
10 illa sunt intuenda,
    quae diligit.
        Quaecumque tamen diligat,
            si coetus est multitudinis non pecorum,
            sed rationalium creaturarum
15   et eorum,
                quae diligit,
            concordi communione sociatus est,
non absurde populus nuncupatur;
tanto utique melior, quanto in melioribus,
20 tantoque deterior, quanto est in deterioribus concors.
Secundum istam definitionem nostram
Romanus populus populus est
et res eius sine dubitatione res publica.
Quid autem primis temporibus suis
25 quidve sequentibus populus ille dilexerit
et quibus moribus ad cruentissimas seditiones
atque inde ad socialia
atque civilia bella perveniens
ipsam concordiam,
30 quae salus est quodammodo populi,
ruperit atque corruperit, testatur historia;
de qua in praecedentibus libris multa posuimus.
Nec ideo tamen vel ipsum non esse populum
vel eius rem dixerim non esse rem publicam,
35 quamdiu manet
qualiscumque rationalis multitudinis coetus,
rerum, quas diligit, concordi communione sociatus.

populus … sociātus: vgl. Text 3
Ciceros Staatsdefinition S. 8
ratiōnālis: vernünftig
concors, cordis: einträchtig

intuērī, tueor, tuitus sum: betrachten

creātūra: Geschöpf

absurdus: unpassend
nūncupāre: (be)nennen
dēterior: schlechter

dubitātiō, ōnis *f.:* Zweifel

cruentus: blutig
sēditiō, ōnis *f.:* Aufstand, Auseinandersetzung
sociālis: Bundesgenossen-, gegen die Bundesgenossen
quōdammodo *Adv.:* gewissermaßen
testārī: bekunden, bezeugen
historia: Geschichte
praecēdere: vorangehen

quamdiū: solange
quāliscumque: wie beschaffen auch immer

1 Arbeiten Sie aus dem Text die Voraussetzungen heraus, unter denen Augustinus einer Gemeinschaft die Bezeichnung *res publica* zubilligt. Zitieren Sie dabei die zentralen Formulierungen lateinisch.

2 Zu Zeile 24–31: Recherchieren Sie die hier angesprochenen Ereignisse der römischen Geschichte und interpretieren Sie diese im Hinblick auf die Staatsdefinition, die Augustinus in vorliegendem Text gibt.

3 Erklären Sie ausgehend von der Etymologie des Begriffes *rationalis* (Z. 3) den Zusammenhang zwischen den Ausführungen des Augustinus und der platonischen Vorstellung vom Idealstaat (s. Zusatztext). Ziehen Sie auch die Ergebnisse aus Aufgabe 4 zu Text 6 (S. 15) hinzu.

4 Lesen Sie nochmals Text 3, Zeile 4–7 und recherchieren Sie darauf die Staatstheorie von Thomas Hobbes. Vergleichen Sie die Staatstheorie von Hobbes mit der Platons.

5 In der Moderne wurde der platonische Idealstaat als totalitär kritisiert (z. B. durch Karl Popper). Nehmen Sie Stellung zu dieser Kritik bzw. zum platonischen Staatsmodell.

Platons Idealstaat

Nach Platon entsteht ein Staat aus wirtschaftlicher Notwendigkeit. Seine Gründer sind dabei von der Vernunft geleitet. Habgier, Egoismus, Herrschsucht werden als üble Leidenschaften angesehen und ausgeschaltet.

Die Grundlage des platonischen Idealstaates ist die Gerechtigkeit; durch sie wird die *Eudaimonía*, das Glück, des durch die Philosophen regierten Staates gewährleistet, in dem die Menschen ihre Aufgaben, die ihnen nach ihrem Stand und ihren Fähigkeiten zukommen, wahrnehmen.

Dieser Staat, der die innere Harmonie aller Teile gewährleisten soll, ähnelt in seinem inneren Aufbau der menschlichen Seele und ist wie diese dreigeteilt: das *Epithymetikón*, die Begierde, mit Sitz im Unterleib; Bauern, Handwerker und Kaufleute bilden den „Nährstand";

das *Thymoeidés*, das Mutvolle, Tatkräftige, mit Sitz in der Brust; die „Wächter" sichern den Bestand des Staates nach außen und innen;

das *Logistikón*, das Denkende, Lenkende, mit Sitz im Kopf, das sich am Guten und Schönen orientiert, bildet die höchste Klasse – seine Mitglieder verfügen über die *Episteme*, das Wissen des Philosophen, sind unfehlbar und stets versunken im Streben nach dem Wissen von der Idee des Guten und Gerechten.

8. *civitas terrena* – *civitas dei*: Zwei Prinzipien

Was sind die Grundlagen eines Staates? Augustinus kommt zu einer ganz anderen Theorie als die Staatsphilosophen Cicero und Platon:

Ac per hoc factum factum est, ut,
cum tot tantaeque gentes per terrarum orbem
diversis ritibus moribusque viventes   rītus, ūs *m.:* Brauch, Gewohnheit
multiplici linguarum, armorum, vestium
5   sint varietate distinctae,   multiplex, icis: zahlreich, vielfach
non tamen amplius   varietās, tātis *f.:* Verschiedenheit
quam duo quaedam genera   distinguere, stīnxī, stīnctum: unterscheiden
humanae societatis exsisterent,   exsistere, stitī, -: hervortreten, entstehen
quas civitates duas
10   secundum scripturas nostras   scrīptūra: Schrift
merito appellare possemus.
Una quippe est hominum secundum carnem,   quippe *Adv.:* freilich, nämlich
altera secundum spiritum vivere   carō, carnis *f.:* Fleisch
in sui cuiusque generis pace volentium   spīritus, ūs *m.:* Geist
15   et, cum id, quod expetunt, adsequuntur,   expetere, petīvī, petītum: erstreben, begehren
in sui cuiusque generis pace viventium.
Prius ergo videndum est, quid sit secundum carnem,
quid secundum spiritum vivere.
Quisquis enim hoc, quod diximus,
20   prima fronte inspicit, […], potest putare   frōns, frontis *f.: hier:* Blick
philosophos quidem Epicureos secundum carnem vivere,   īnspicere, iō, spexī, spectum: betrachten, anschauen
quia summum bonum hominis
in corporis voluptate posuerunt,   Epicūrēus: Epikureer *(Anhänger Epikurs)*
Stoicos autem,   Stōicus: Stoiker *(Anhänger der Stoa)*
25   qui summum bonum hominis in animo ponunt,
secundum spiritum vivere;
quia et hominis animus quid est nisi spiritus?
Sed sicut loquitur scriptura divina,
secundum carnem vivere utrique monstrantur.   mōnstrāre: zeigen, bezeichnen
30   […] Quod itaque diximus hinc extitisse duas civitates
diversas inter se atque contrarias,   contrārius: gegensätzlich
quod alii secundum carnem,
alii secundum spiritum viverent,
potest etiam isto modo dici, quod alii secundum hominem,
35   alii secundum deum vivant.

1 Stellen Sie den Aufbau des ersten und des zweiten Satzes graphisch dar.

2 Arbeiten Sie aus dem Text heraus, was Augustinus unter einem Leben *secundum carnem* bzw. *secundum spiritum* versteht; zitieren Sie dabei auch lateinisch.

3 Informieren Sie sich über die Grundzüge der beiden Philosophenschulen (s. Zusatztext) und stellen Sie diese in einem Schaubild gegenüber. Erläutern Sie, weshalb die meisten Menschen zu der Auffassung kommen *philosophos quidem Epicureos secundum carnem vivere … Stoicos autem … secundum spiritum vivere* (Zeile 19–26).

4 Erläutern Sie, weshalb Augustinus an dieser Stelle auch den Stoikern ein Leben *secundum spiritum* – zumindest nach den Maßstäben der *scriptura divina* (Z. 28) – abspricht; beachten Sie dabei besonders deren Theorie vom *Logos*.

Stoa und Epikureismus – viele Unterschiede, aber auch Gemeinsames

Die von Zenon um 300 v. Chr. gegründete Philosophenschule der Stoa lehrt, dass die Natur eine Einheit (Monismus) und ein beseeltes Wesen ist. Zu dieser Einheit gehört auch der Logos, die „Weltvernunft". Diese wird als feuriger Lufthauch *(pneuma)* gedacht, der alles und jeden durchdringt und verbindet, sodass die Welt ein beseeltes Ganzes ist.

Der Epikureismus – zeitgleich entstanden – beruht dagegen auf den mechanischen Vorstellungen Demokrits, wonach alles Werden und Vergehen als Trennung und Verbindung von Atomen im leeren Raum zu verstehen ist. Die Atome ihrerseits unterscheiden sich durch ihre Gestalt (dasjenige der Seele hat beispielsweise eine perfekte Kugelform). In ihrer unaufhörlichen Bewegung treffen diese immer wieder aufeinander, wodurch die Trennung und Verbindung verursacht werden und die verschiedensten Körper entstehen – die durch die Sinne wahrnehmbare Welt.

Die jeweils unterschiedlichen Naturlehren der beiden Schulen ziehen jeweils unterschiedliche ethische Ansätze nach sich: Nach stoischer Lehre bilden Seele, Leib und Geist ein Ganzes – idealerweise in Harmonie. Der Mensch wiederum soll mit der Welt (Natur; Kosmos; *pneuma*) im Einklang sein. Der Weise lebt daher der Natur gemäß: Er ordnet seine Vernunft der Weltvernunft unter – in der Konsequenz schaltet er seine Affekte aus und ist frei von Leidenschaften, da Lust, Begierde und Furcht dieser Vernunft nicht entsprechen und die Seele krank machen. Der Schlechte entfernt sich davon und erlangt nicht die *Eudaimonie*. Der Weise gestaltet mittels seiner *Vernunft* das gesellschaftliche Leben mit. Viele Kirchenväter sahen Parallelen zwischen der christlichen und stoischen Lehre und bezeichneten z. B. den Stoiker Seneca als *saepe noster*.

Bei Epikur klingt das ganz anders: Das Ziel des Menschen ist die Lust *(Hedonē)*; allerdings wird die Lust anders aufgefasst, als man es den „Hedonisten" meist unterstellt: Sie ist die Abwesenheit von Schmerz. Die *Eudaimonie* wird durch eine vollkommene innere Ruhe erreicht. Der Epikureer bändigt ebenso seine Leidenschaften, weil diese seine Ungestörtheit aufwühlen, und meidet das Übermaß, um Probleme der Seele oder des Leibes nicht aufkommen zu lassen. In der Folge zieht sich der Weise aus der Gesellschaft möglichst zurück und meidet das öffentliche Engagement, er bewahrt die Ruhe und lebt zusammen mit Freunden in einem Garten *(Kepos)*.

9. *civitas terrena* – *civitas dei*: Zwei Formen der Liebe

Fecerunt itaque civitates duas amores duo,
terrenam scilicet amor sui
usque ad contemptum dei,
caelestem vero amor dei
5 usque ad contemptum sui.
Denique illa in se ipsa,
haec in domino gloriatur.
Illa enim quaerit ab hominibus gloriam;
huic autem deus conscientiae testis maxima est gloria.
10 Illa in gloria sua exaltat caput suum;
haec dicit deo suo:
Gloria mea et exaltans caput meum.
Illi in principibus eius vel in eis,
quas subiugat, nationibus dominandi libido dominatur;
15 in hac serviunt invicem in caritate
et praepositi consulendo et subditi obtemperando.
Illa in suis potentibus diligit virtutem suam;
haec dicit deo suo:
Diligam te, domine, virtus mea.

20 Ideoque in illa
sapientes eius secundum hominem viventes
aut corporis aut animi sui bona
aut utriusque sectati sunt,
aut qui potuerunt cognoscere deum,
25 *non ut deum honoraverunt aut gratias egerunt,*
sed evanuerunt in cogitationibus suis,
et obscuratum est insipiens cor eorum;
dicentes se esse sapientes
 – id est dominante sibi superbia
30 in sua sapientia sese extollentes –
stulti facti sunt
et immutaverunt gloriam incorruptibilis dei
in similitudinem imaginis corruptibilis hominis
et volucrum et quadrupedum et serpentium
35 – ad huiusce modi enim simulacra adoranda
vel duces populorum vel sectatores fuerunt –,
et coluerunt atque servierunt creaturae potius
quam creatori,

terrēnus: irdisch
contemptus, ūs *m.*: Nichtachtung
caelestis, e: himmlisch

glōriārī, ātus sum: sich rühmen

exaltāre: erhöhen, erheben

Glōria … meum: Psalm 3,4

invicem *Adv.*: wechselseitig, untereinander
cāritās, ātis *f.*: Liebe, Hochachtung
praepositus: Vorgesetzter
subditus: Untergebener
obtemperāre: gehorchen
Dīligam … mea: Psalm 18,2

sectārī, ātus sum: nachlaufen, nach etwas eifrig streben
nōn ut … in saecula: Paulus, Römerbrief 1,21–25
honōrāre: ehren
ēvānēscere, uī: eitel werden
cōgitātiō, ōnis *f.*: Gedanke, das Denken
obscūrāre: verhüllen
īnsipiēns: töricht, unverständig
sēsē = sē
extollere, tulī: rühmen
immūtāre: vertauschen, umwandeln
incorruptibilis, e: unvergänglich
similitūdō, inis *f.*: Ähnlichkeit, Nachbildung
corruptibilis, e: vergänglich
volucris, is *f.*: Vogel
quadrupēs, pedis *m.,f.*: vierfüßiges Tier
serpēns, pentis *m.,f.*: Schlange
hice, haece, hoce: *verstärktes* hic
adōrāre: anbeten
sectātor, ōris *m.*: Anhänger
creātūra: Geschöpf, Schöpfung
creātor, ōris *m.*: Schöpfer

qui est benedictus in saecula;
40 in hac autem nulla est hominis sapientia nisi pietas,
qua recte colitur verus deus,
id exspectans praemium
in societate sanctorum non solum hominum,
verum etiam angelorum,
45 ut sit deus omnia in omnibus.

benedīcere, dīxī, dictum: loben, preisen
in hāc: *gemeint ist die* cīvitās caelestis

angelus: Engel

1 Ordnen Sie den beiden *civitates* die sie charakterisierenden lateinischen Formulierungen zu und fassen Sie das Ergebnis zusammen.

2 Zeigen Sie am Text, dass es Augustinus nicht um eine staatstheoretische Definition geht, sondern um eine theologische Aussage. Berücksichtigen Sie dabei auch die sprachlich-stilistische Gestaltung und deren beabsichtigte Wirkung.

3 „Im Bewusstsein seiner Verantwortung vor Gott und den Menschen, von dem Willen beseelt, als gleichberechtigtes Glied in einem vereinten Europa dem Frieden der Welt zu dienen, hat sich das Deutsche Volk kraft seiner verfassungsgebenden Gewalt dieses Grundgesetz gegeben", so beginnt die Präambel des Grundgesetzes. Über einen vergleichbaren Gottesbezug für die Europäische Verfassung gab es große Diskussionen. Erörtern Sie die konträren Argumente.

4 Beschreiben Sie das Bild, deuten Sie seine Aussage und setzen Sie es in Bezug zum lateinischen Text.

Krieg und Frieden

10. Das Problem des *bellum iustum*

Quamvis enim non defuerint
neque desint hostes exterae nationes,
    contra quas semper bella gesta sunt et geruntur,
tamen etiam ipsa imperii latitudo
5 peperit peioris generis bella,
socialia scilicet et civilia,
    quibus miserabilius quatitur humanum genus,
        sive, cum belligeratur,
            ut aliquando conquiescant,
10   sive, cum timetur,
            ne rursus exsurgant.
Sed sapiens, inquiunt, iusta bella gesturus est.
Quasi non, si se hominem meminit,
multo magis dolebit
15 iustorum necessitatem sibi exstitisse bellorum;
quia, nisi iusta essent, ei gerenda non essent,
ac per hoc sapienti nulla bella essent.
Iniquitas enim partis adversae
iusta bella ingerit gerenda sapienti;
20 quae iniquitas utique homini est dolenda,
quia hominum est,
etsi nulla ex ea bellandi necessitas nasceretur.
Haec itaque mala tam magna,
tam horrenda, tam saeva,
25 quisquis cum dolore considerat,
miseriam fateatur;
quisquis autem vel patitur ea sine animi dolore
vel cogitat,
multo utique miserius ideo se putat beatum,
30 quia et humanum perdidit sensum.

quamvīs: wenn auch

lātitūdō, dinis f.: Breite, Größe

sociālis, e: Bundesgenossen-, gegen die Bundesgenossen
miserābilis, e: beklagenswert
quatere, iō, –, quassum: erschüttern
belligerāre: Krieg führen
conquiēscere: zur Ruhe kommen
exsurgere: sich erheben, entstehen

inīquitās, ātis f.: Ungerechtigkeit
ingerere: aufnötigen

bellāre: Krieg führen

horrendus: schrecklich
cōnsīderāre: betrachten

1 Stellen Sie wertende Begriffe aus dem lateinischen Text zusammen und beschreiben Sie davon ausgehend Augustinus' grundsätzliche Haltung zum Krieg.

2 Deuten Sie die Zeilen 1–11 unter der Fragestellung, wie Augustinus zur römischen Politik steht.

3 Erklären Sie, unter welcher Voraussetzung Augustinus einen Krieg für gerechtfertigt hält, und erörtern Sie ferner, wodurch er die Bedingungen für die Erfüllung dieser Voraussetzung eingrenzt.

4 Recherchieren Sie die Hintergründe des Kriegseintritts der USA 1917.

5 Benennen Sie die Gründe, die der US-Präsident für den Kriegseintritt anführt.

6 Erörtern Sie, ob der Kriegseintritt der USA nach den Maßstäben des Augustinus gerechtfertigt war.

Rede des US-Präsidenten im April 1917 für den Eintritt in den Ersten Weltkrieg

Es handelt sich um einen Krieg gegen alle Nationen (ausgehend vom Deutschen Reich – Anm. d. Übers.). Amerikanische Schiffe wurden versenkt, amerikanische Leben genommen, und auch Schiffe und Menschen anderer neutraler und befreundeter Nationen wurden in den Gewässern auf dieselbe Weise überwältigt. Es wurde kein Unterschied gemacht.

Es handelt sich um eine Herausforderung für das gesamte Menschengeschlecht. Jede Nation wird für sich entscheiden müssen, wie sie diese annehmen will. Die Wahl werden wir mit äußerstem Maß treffen müssen, wie es dem Charakter und dem Antrieb unserer Nation ansteht. Unsere Motivation wird nicht Revanche und nicht siegreiche Durchsetzung der militärischen Macht unserer Nation sein, sondern allein die Durchsetzung des Rechts, des Menschenrechts, dessen einziger Verfechter wir sind. (…)

Wir werden uns nicht unterwerfen, noch werden wir zulassen, dass die allerheiligsten Rechte unserer Nation und unseres Volkes missachtet oder angetastet werden. Das Unrecht, gegen das wir uns jetzt aufstellen, ist kein gewöhnliches Unrecht; es reicht bis ganz an die Wurzeln des menschlichen Daseins.

Mit einem tiefen Sinn für den feierlichen und gar tragischen Charakter des Schrittes, den ich im Begriff bin zu gehen, und für die große Verantwortung, welche all dies mit sich bringt, aber in der unerschütterlichen Befolgung meiner verfassungsmäßigen Pflicht, empfehle ich dem Kongress, den aktuellen Kurs der reichsdeutschen Regierung zu nichts weniger als zum Krieg gegen Regierung und Volk der Vereinigten Staaten zu erklären. (…)

Unser Ziel ist es, die Prinzipien von Frieden und Recht in der Welt durchzusetzen – gegen eine selbstsüchtige und autokratische Macht – und unter den wirklich freien und selbstbestimmten Völkern die gemeinsame Zielsetzung zu etablieren, die von jetzt an die Einhaltung dieser Prinzipien sicherstellt. (…)

Ein unerschütterlicher Zusammenschluss für den Frieden kann nur von einer Zusammenarbeit von demokratischen Nationen aufrecht erhalten werden. Keiner autokratischen Regierung kann in Bezug auf die Einhaltung ihrer Zusicherungen vertraut werden. Es muss ein ehrenhaftes Bündnis sein, eine Meinungspartnerschaft. (…) Es ist furchtbar, dieses großartige und friedliebende Volk in den Krieg zu führen, in den schrecklichsten und zerstörerischsten aller Kriege, die Zivilisation selbst scheint am Abgrund zu stehen. Aber das Recht ist kostbarer als der Friede, und wir sollten für die Dinge kämpfen, die uns schon immer besonders am Herzen lagen – für Demokratie, für das Recht derjenigen, die bei ihren Autoritäten darum ersuchen, eine Stimme in ihrer eigenen Regierung zu haben, für die Rechte und Freiheiten kleiner Nationen, für eine universelle Herrschaft des Rechts durch einen solchen Zusammenschluss freier Völker, was allen Nationen Frieden und Sicherheit bringen und die Welt selbst schließlich befreien soll. (Übersetzung: Marco Cataldo)

11. Was ist Frieden?

Pax itaque corporis est
ordinata temperatura partium, — *ōrdināre:* ordnen; *temperātūra:* Verhältnis
pax animae irrationalis — *irratiōnālis, e:* vernunftlos
ordinata requies appetitionum, — *requiēs, ētis f.:* Ruhe
5 pax animae rationalis — *appetītiō, ōnis f.:* Trieb
ordinata cognitionis actionisque consensio, — *cōgnitiō, ōnis f.:* Erkenntnis; *āctiō, ōnis f.:* Handeln
pax corporis et animae — *cōnsēnsiō, onis f.:* Übereinstimmung
ordinata vita et salus animantis, — *animāns, antis m.,f.:* Lebewesen
pax hominis mortalis et dei — *fidēs, eī f.: hier:* Glaube
10 ordinata in fide sub aeterna lege oboedientia, — *aeternus:* ewig
pax hominum ordinata concordia, — *oboedientia:* Gehorsam
pax domus
ordinata imperandi oboediendique
concordia cohabitantium, — *cohabitāre:* zusammenwohnen
15 pax civitatis
ordinata imperandi atque oboediendi concordia civium,
pax caelestis civitatis
ordinatissima et concordissima societas fruendi deo
et invicem in deo,
20 pax omnium rerum tranquillitas ordinis. — *tranquillitās, ātis f.:* Ruhe
Ordo est parium dispariumque rerum — *dispār, paris:* ungleich
sua cuique loca tribuens dispositio. — *dispositiō, ōnis f.:* Verteilung
[…]
deus ergo naturarum omnium sapientissimus conditor — *conditor, ōris m.:* Urheber
et iustissimus ordinator, — *ōrdinātor, ōris m.:* Ordner
25   qui terrenorum ornamentorum maximum
        instituit mortale genus humanum,
dedit hominibus quaedam bona huic vitae congrua, — *congruus m. Dat.:* passend zu
– id est pacem temporalem pro modulo mortalis vitae –, — *temporālis, e:* zeitlich (begrenzt); *prō modulō:* entsprechend dem Maß
eo pacto aequissimo,
30   ut,
        qui mortalis talibus bonis
        paci mortalium accommodatis — *eō pactō, ut:* unter der Bedingung, dass; *accommodātus + Dat.:* geeignet für
        recte usus fuerit,
    accipiat ampliora atque meliora,
35   ipsam scilicet immortalitatis pacem — *immortālitās, ātis f.:* Unsterblichkeit
    eique convenientem gloriam et honorem
    in vita aeterna ad fruendum deo et proximo in deo.

1. Im ersten Teil des Textes (Z. 1–20) verwendet Augustinus auffällig viele Stilmittel. Benennen Sie diese und zeigen Sie die Wirkung.

2. Geben Sie die einzelnen Definitionen für die *pax* mit eigenen Worten wieder. Ordnen Sie diese verschiedenen Bereichen des menschlichen Lebens zu.

3. Interpretieren Sie die Präzisierung des Friedensbegriffs, die Augustinus im zweiten Teil des Textes (Zeile 21 ff.) vornimmt.

4. Vergleichen Sie Augustinus' Friedensbegriff mit dem im Zusatztext „Schalom und Salam" geschilderten.

5. Informieren Sie sich über die Vorstellung vom „positiven" und „negativen" Frieden und vergleichen Sie Ihre Ergebnisse mit Augustinus' Definition.

6. Die Verleihung des hochangesehenen Friedensnobelpreises (s. Zusatztext) ist immer auch Anlass zur kritischen Auseinandersetzung mit den Gewürdigten. Suchen Sie sich einen Preisträger aus der Liste (s. Internet) heraus und ergründen Sie, weshalb er oder sie diesen Preis erhalten hat. Nehmen Sie Stellung zur Frage, ob aus heutiger Sicht der Preis der richtigen Person einerseits nach den Kriterien Nobels und andererseits nach denen des Augustinus verliehen wurde.

Schalom und Salam

„Schalom" so begrüßen sich die Juden auf der ganzen Welt, und in der arabischen Welt lautet der Gruß „Salam aleikum": „der Friede sei mit euch", das Wort „Salam" ist eng verwandt mit „Schalom". Schalom bedeutet Frieden in einem umfassenden Sinn: Ruhe, Sicherheit, Freisein von Unglück, Unheil, Gesundsein, Wohlergehen, mit sich und mit anderen im Frieden leben.

Der Friedensnobelpreis: Alfred Nobel legte in seinem Testament 1895 fest:

„Mit meinem verbleibenden realisierbaren Vermögen soll auf folgende Weise verfahren werden: das Kapital, das von den Nachlassverwaltern in sichere Wertpapiere realisiert wurde, soll einen Fonds bilden, dessen Zinsen jährlich als Preis an diejenigen ausgeteilt werden sollen, die im vergangenen Jahr der Menschheit den größten Nutzen erbracht haben. Die Zinsen werden in fünf gleiche Teile aufgeteilt: […] und ein Teil an denjenigen, der am meisten oder am besten auf die Verbrüderung der Völker und die Abschaffung oder Verminderung stehender Heere sowie das Abhalten oder die Förderung von Friedenskongressen hingewirkt hat. […] Es ist mein ausdrücklicher Wille, dass bei der Preisverteilung die Zuteilung nicht an irgendeiner Nationalität festgemacht wird, so dass der Würdigste den Preis erhält, ob er Skandinavier sei oder nicht."

(zitiert nach https://de.wikipedia.org/wiki/Friedensnobelpreis)

Die *civitas dei*: Ihre Bürger und ihr Platz in der Geschichte

12. Viele, die drinnen sind, sind draußen, und viele, die draußen sind, sind drinnen.

Haec et talia,
si qua uberius et commodius potuerit,
respondeat inimicis suis
redempta familia domini Christi
5 et peregrina civitas regis Christi.
Meminerit sane in ipsis inimicis latere cives futuros,
ne infructuosum vel apud ipsos putet,
quod, donec perveniat ad confessos,
portat infensos;

10 sicut ex illorum numero
etiam dei civitas habet secum,
quamdiu peregrinatur in mundo,
conexos communione sacramentorum,
nec secum futuros in aeterna sorte sanctorum,
15 qui partim in occulto,
partim in aperto sunt,
qui etiam cum ipsis inimicis adversus deum,
cuius sacramentum gerunt,
murmurare non dubitant,
20 modo cum illis theatra,
modo ecclesias nobiscum replentes.
De correctione autem quorundam etiam talium
multo minus est desperandum,
si apud apertissimos adversarios
25 praedestinati amici latitant,
adhuc ignoti etiam sibi.
Perplexae quippe sunt istae duae civitates
in hoc saeculo invicemque permixtae,
donec ultimo iudicio dirimantur;

---

haec et tālia: *In den vorhergehenden Kapiteln hat Augustinus die Christen gegen ihre Gegner verteidigt.*
quā: an irgendeiner Stelle, zu irgendeiner Gelegenheit
ūber, eris: reichhaltig, ausführlich
redēmptus: erlöst
peregrīnus: auf Pilgerschaft, pilgernd
meminerit: *sie (die cīvitās)* möge daran denken
latēre, uī: verborgen sein
vel: *hier:* gerade, sogar
īnfrūctuōsum putāre, quod: für nutzlos halten, wenn
ipōs: *gemeint sind die* inimīcī
dōnec + *Konj.:* bis
cōnfessus: *hier:* sich zu Christus bekennend
portāre: *hier:* ertragen
īnfēnsōs: als Feinde

habet: *ergänze als Objekt* cīvēs
quamdiū: solange
peregrīnārī: auf Pilgerschaft sein
cōnexus: verbunden
sacrāmentum: Eid, Sakrament
apertus: offen

murmurāre: murren

ecclēsia: Kirche
replēre: anfüllen
corrēctiō, ōnis *f.:* Besserung
adversārius: Gegner, Feind
praedēstināre: im Voraus bestimmen
latitāre: verborgen sein
īgnōtus: unbekannt
perplexus: verschlungen
quippe *Adv.:* freilich, gewiss
saeculum: *hier:* Welt
permixtus: vermischt
dirimere: trennen

30 de quarum exortu et procursu et debitis finibus
quod dicendum arbitror,
quantum divinitus adiuvabor,
expediam propter gloriam civitatis dei,
quae alienis a contrario comparatis clarius eminebit.

exortus, ūs *m.:* Ursprung, Beginn
prōcursus, ūs *m.:* Verlauf
dēbitus: gebührend, wohlverdient
dīvīnitus *Adv.:* durch göttliche Eingebung
ā contrāriō: im Kontrast
ēminēre, uī: herausragen

1 Stellen Sie tabellarisch die lateinischen Formulierungen zusammen, mit denen Augustinus die verschiedenen Gruppen in der Gesellschaft bezeichnet und charakterisiert.

2 Interpretieren Sie die Überschrift – der Satz stammt von Augustinus selbst –, indem Sie von Ihrer Zusammenstellung in Aufgabe 1 ausgehen.

3 Die Deutung des Begriffs *civitas dei* und damit auch dessen Übersetzung ist umstritten. Ziehen Sie den Zusatztext hinzu und nehmen Sie zu den dort angebotenen Übersetzungen Stellung. Kommen Sie zu einem eigenen Urteil, wie man den Begriff interpretieren und übersetzen kann.

4 Auch zur zeitlichen und örtlichen Festlegung der *civitas dei* gibt es unterschiedliche Meinungen: Manche lokalisieren sie im Jenseits als das Paradies, andere lassen sie bereits im Diesseits möglich erscheinen. Nehmen Sie aus Ihrer Lektürekenntnis Stellung.

5 Fassen Sie aus Ihrer Lektürekenntnis die Merkmale der *civitas dei* zusammen und nehmen Sie begründend zu der Frage Stellung, ob Sie gerne in dieser *civitas* leben würden.

Deutung des Begriffs *civitas dei*

Der Begriff *civitas dei* wird unterschiedlich übersetzt: Oft wird er einfach mit *Gottesstaat* wiedergegeben, manche setzen ihn gleich mit *Kirche*, andere übersetzen *Stadt Gottes*, wieder andere *Gemeinschaft der Erwählten*.

Kirchenfenster im Kölner Dom

13. Die Abschnitte der Weltgeschichte

[…] prima aetas tamquam primus dies […]
ab Adam usque ad diluvium,
secunda inde usque ad Abraham, […]
Hinc iam, sicut Matthaeus evangelista determinat,
5   tres aetates usque ad Christi subsequuntur adventum,
quae singulae denis et quaternis generationibus
explicantur:
ab Abraham usque ad David una,
altera inde usque ad transmigrationem in Babyloniam,
10 tertia inde usque ad Christi carnalem nativitatem.
Fiunt itaque omnes quinque.

Sexta nunc agitur
nullo generationum numero metienda
propter id, quod dictum est:
15 *non est vestrum scire tempora,*
quae pater posuit in sua potestate.
Post hanc tamquam in die septimo requiescet deus,
cum eundem diem septimum, quod nos erimus,
in se ipso deo faciet requiescere.
20 De istis porro aetatibus singulis
nunc diligenter longum est disputare;
haec tamen septima erit sabbatum nostrum,
cuius finis non erit vespera,
sed dominicus dies velut octavus aeternus,
25 qui Christi resurrectione sacratus est,
aeternam non solum spiritus,
verum etiam corporis requiem praefigurans.
Ibi vacabimus et videbimus,
videbimus et amabimus,
30 amabimus et laudabimus.
Ecce quod erit in fine sine fine.
Nam quis alius noster est finis
nisi pervenire ad regnum, cuius nullus est finis?

dīluvium: Sintflut
ēvangelista, ae *m.*: Evangelist
dētermināre: festsetzen
Matthaeus ēvangelista …: *Matthäus 1,17*
subsequī, sequor, secūtus sum: unmittelbar folgen
dēnī et quaternī: je vierzehn
generātiō, ōnis *f.*: Generation
explicārī: *hier:* sich entfalten
trānsmigrātiō, ōnis *f. hier:* Gefangenschaft
carnālis, e: fleischlich
nātīvitās, ātis *f.*: Geburt

mētīre: berechnen

nōn est vestrum … potestāte: Apostelgeschichte 1,7

faciet: *Subjekt ist* deus
requiēscere, quiēvī, quiētum: (aus)ruhen
porrō *Adv.*: ferner, nun aber
sabbatum: Sabbat
vespera: Abend
dominicus: des Herrn
resurrēctiō, ōnis *f.*: Auferstehung
sacrāre: weihen
praefigūrāre: bilden, schaffen
vacāre: leer sein, Zeit haben

ecce *Adv.*: siehe da!

1 Stellen Sie die Entwicklung der Geschichte nach Augustinus anhand des vorliegenden Textes dar; informieren Sie sich dabei über die angesprochenen biblischen Personen bzw. Ereignisse und lesen Sie den Zusatztext „Zum Geschichtsverständnis des Augustinus".

2 „Geschichte ist für Augustinus Heilsgeschichte" – Belegen Sie diese These durch die Interpretation des Textes.

3 Nehmen Sie Stellung zur Theorie des Zusatztextes „Augustinus und Karl Marx".

Zum Geschichtsverständnis des Augustinus

Augustinus ist nicht in erster Linie Historiker, sondern Theologe. Seine Aufteilung der Menschheitsgeschichte wurde prägend für das Geschichtsverständnis des ganzen Mittelalters. Für den mittelalterlichen Menschen waren die Geschichten von Adam und Eva, der Sintflut, von Abraham, von David und vom babylonischen Exil historische Wahrheiten, die genau so geschehen sind, wie sie in der Bibel erzählt werden. Den modernen Menschen muten sie vielfach fremd an, vor allem dann, wenn er nicht – wie noch vor wenigen Jahrzehnten üblich – mit ihnen in der Kindheit aufgewachsen ist. Die heutige theologische Wissenschaft legt sie historisch-kritisch aus, d.h., sie stellt die Texte zum einen in ihren damaligen historischen Zusammenhang und zum anderen untersucht sie die theologische Aussage des Textes.

Augustinus sieht die gesamte Geschichte als Einheit, die nach Gottes Heilsplan geordnet verläuft. Erst im Zeitalter der Renaissance und des Humanismus wurde die Geschichte der Menschheit von einem göttlichen Planen, einer außerweltlichen, göttlichen Sinngebung losgelöst betrachtet. Das persönliche Heil, die Einheit mit Gott kann nach Augustinus nur durch dessen Gnade erreicht werden, da der Mensch immer wieder der Sünde anheimfällt, aus der nur Gott allein ihn befreien kann. Martin Luther gehörte dem Augustinerorden (gegründet im 13. Jahrhundert) an, der sich sehr an der Gnadenlehre des Augustinus orientierte. Der Grundsatz *sola gratia* wurde zu einem Kernsatz der Reformation: Der Mensch kann sich sein Heil nicht „verdienen", allein die Gnade Gottes führt zum Heil.

Augustinus und Karl Marx

Manche Wissenschaftler erkennen Parallelen in der augustinischen Auffassung vom Lauf der Weltgeschichte zur Theorie von Karl Marx, der auf wissenschaftlicher Basis eine Zwangsläufigkeit der geschichtlichen Entwicklung nachweisen wollte: Die Geschichte ist eine Geschichte von Klassenkämpfen; von der Sklavenhaltergesellschaft der Antike führt sie über den Feudalismus im Mittelalter zur Ausbeutung der arbeitenden Klasse durch den Kapitalismus im 19. Jahrhundert. Die notwendige Folge ist die Diktatur des Proletariats, an deren Ende die klassen- und herrschaftslose Gesellschaft, der Kommunismus, steht.

14. Es geht um beide: *civitas dei* und *civitas terrena*

Augustinus kündigt sein Werk als magnum opus et arduum *an:*

Gloriosissimam civitatem dei
sive in hoc temporum cursu,
   cum inter impios peregrinatur ex fide vivens,
sive in illa stabilitate sedis aeternae,
5   quam nunc exspectat per patientiam,
      quoad usque iustitia convertatur in iudicium,
deinceps adeptura per excellentiam victoria ultima
et pace perfecta,
[…] defendere adversus eos,
10   qui conditori eius deos suos praeferunt,
[…] suscepi,
magnum opus et arduum, sed deus adiutor noster est.
[…] etiam de terrena civitate,
   quae cum dominari appetit,
15   etsi populi serviant,
– ipsa ei dominandi libido dominatur –,
non est praetereundum silentio,
   quidquid dicere suscepti huius operis
   ratio postulat et facultas datur.

peregrīnārī: auf Pilgerschaft sein
fidēs, eī *f. hier:* Glaube
stabilitās, ātis *f.:* Beständigkeit, Festigkeit
patientia: Geduld
quoad ūsque: bis dass
convertī: sich wenden
iūdicium: *hier:* das jüngste Gericht
deinceps *Adv.:* darauf
excellentia: Herrlichkeit, Erhabenheit
adeptūrā (*erg.* iūstitiam) … victōriā ultimā: *abl. abs.*
condītor, ōris *m.:* Urheber
praeferre, ferō, tulī, lātum: vorziehen
arduus: steil, schwierig
adiūtor, ōris *m.:* Helfer

1 Vor dem Übersetzen (um den Inhalt zu verstehen, ist eine Übersetzung nicht erforderlich): a) Zitieren Sie aus den beiden Sätzen die beiden Themen, denen Augustinus sich gemäß der Einleitung zu seinem Werk widmen wollte. – b) Stellen Sie die lateinischen Formulierungen zusammen, mit denen Augustinus die beiden *civitates* charakterisiert. – c) Beschreiben Sie mit eigenen Worten die beiden *civitates*.

2 Untersuchen Sie die hier gegebene Beschreibung der *civitas dei* anhand der Aufgaben 3 und 4 zu Text 12 (S. 26 f.) und vergleichen Sie die jeweiligen Ergebnisse.

3 Augustinus bezeichnet selbst sein Werk als *magnum opus et arduum* (Z. 12). Erläutern Sie die Schwierigkeiten, die Sie sprachlich wie inhaltlich bei der Bearbeitung der Texte hatten.

4 Beschreiben Sie die Abbildung im Hinblick darauf, wie sich die frühen Christen die *civitas dei* vorstellten.

Das himmlische Jerusalem,
Santa Maria Maggiore, Rom, 5. Jhd. n. Chr.

Alphabetischer Lernwortschatz

A
adōrāre	anbeten
adversārius	Gegner, Feind
aeternus	ewig
annuus	für ein Jahr
antepōnere, posuī, positum	voranstellen, vorziehen
apertus	offen
arduus	steil, schwierig
assūmere, sūmpsī, sūmptum	annehmen, bekommen

B
bellāre	Krieg führen

C
caelestis, e	himmlisch
canere, cecinī, cantātum	singen, dichten
carō, carnis f.	Fleisch
coetus, ūs m.	das Zusammenkommen
cōgitātiō, ōnis f.	Gedanke, das Denken
cōgnitiō, ōnis f.	Erkenntnis
coīre, eō, iī, itum	zusammenkommen
commūniō, ōnis f.	Gemeinschaft
concors, cordis	einträchtig
congregāre	versammeln, zusammenbringen
cōnscientia	Bewusstsein, Gewissen
cōnsēnsiō, ōnis f.	Übereinstimmung
cōnsēnsus, ūs m.	Übereinstimmung
cōnsīderāre	betrachten
contrārius	gegensätzlich
corrigere, rēxī, rēctum	(ver)bessern
cupīdō, dinis f.	Begierde, Verlangen

D
dēfinīre, īvī, ītum	abgrenzen, definieren
dēfinītiō, ōnis f.	Definition
dēmere, dēmpsī, dēmptum	wegnehmen, beseitigen
distinguere, stīnxī, stīnctum	unterscheiden
distribuere, tribuī, tribūtum	verteilen, zuteilen
dolus	List
dominārī, ātus sum + Dat.	herrschen über
dominātiō, ōnis f.	(Allein)herrschaft

E
ēlegāns, antis	fein, geistreich
ēminēre, uī	herausragen
ēvertere, vertī, versum	verderben
exiguus	klein, unbedeutend
exīstimātiō, ōnis f.	Meinung
expedīre, pedīvī, pedītum	darlegen, ausführen
expetere, petīvī, petītum	erstreben, begehren
explicāre	ausführen, erörtern
exsistere, stitī, -	hervortreten, entstehen
extollere, tulī	rühmen

F
fēlīx, īcis	glücklich
fōns, fontis m.	Quelle

G
glōriārī, ātus sum	sich rühmen
glōriōsus	ruhmreich

H
historia	Geschichte
honestās, ātis f.	Anstand

I
īgnōtus	unbekannt
impius	gottlos
incēdere, cessī, cessum	vorrücken, sich verbreiten
īnfēstus	feindlich, unsicher
iniūstus	ungerecht
innocēns, entis	unschuldig
īnspicere, iō, spexī, spectum	betrachten, anschauen
intuērī, tueor, tuitus sum	betrachten
invicem Adv.	wechselseitig, untereinander
iūstitia	Gerechtigkeit

L
latēre, uī	verborgen sein
lātitūdō, dinis f.	Breite, Größe
latrō, ōnis m.	Räuber
latrōcinium	Räuberei, Räuberbande

M
miserābilis, e	beklagenswert
miseria	Elend, Unglück
mōnstrāre	zeigen, bezeichnen
multiplex, icis	zahlreich, vielfach
mundus	Welt

N
nāvigium	Schiff
nefās *n.*	Frevel, Unrecht
nequīre, eō, īvī, nequitum	nicht können

O
obtemperāre	gehorchen
ōrdināre	ordnen

P
pācāre	befrieden
pactum	Vertrag
patientia	Geduld
perītus	kundig, erfahren
pestis, is *f.*	Pest, Seuche
praeferre, ferō, tulī, lātum	vorziehen
probitās, ātis *f.*	Rechtschaffenheit
prosperus	günstig, glücklich

Q
quandō *Konjunktion*	als, weil
quatere, iō, –, quassum	erschüttern
quia *als Hauptsatzeinleitung*	denn

R
ratiōnālis, e	vernünftig
requiēs, ētis *f.*	Ruhe
requiēscere, quiēvī, quiētum	(aus)ruhen
ruere, ruī, rutum	einstürzen

S
sanguineus	blutig
sēcūrus	sorglos, frei von Furcht
sēditiō, ōnis *f.*	Aufstand, Auseinandersetzung
serpēns, pentis *m.,f.*	Schlange
similitūdō, inis *f.*	Ähnlichkeit, Nachbildung
sociāre	verbinden, vereinen
spīritus, ūs *m.*	Geist
subiugāre	unterjochen, unterwerfen
subsequī, sequor, secūtus sum	unmittelbar folgen

T
terrēnus	irdisch
terror, ōris *m.*	Angst
testārī	bekunden, bezeugen
tormentum	Folter
torquēre, torsī, tortum	quälen, foltern

U
ūber, eris	reichhaltig, ausführlich
ūtilitās, ātis *f.*	Nutzen

V
vacāre	leer sein, Zeit haben
varietās, tātis *f.*	Verschiedenheit
vēritās, ātis *f.*	Wahrheit
vōtum	Verlangen, Wunsch